AF190218

Liebe Leserinnen, liebe Leser,

das Leben lieben, sich freuen über das Geschenk des Lebens und dabei bedenken, dass es endlich ist. Das war der Beweggrund für diesen Gedichtband.

Ich wünsche wieder allen Lesern viel Freude damit.


Ihre

Heike Boeke

**Heike Boeke**

**Es lebe das Leben**

Bibliografische Information der Deutschen Nationalbibliothek:
Die Deutsche Nationalbibliothek verzeichnet diese Publikation in der Deutschen Nationalbibliografie; detaillierte bibliografische Daten sind im Internet über http://dnb.dnb.de abrufbar.

Illustration: **Heike Boeke**

Herstellung und Verlag: BoD – Books on Demand, Norderstedt

ISBN: 9 783749 467983

Es lebe das Leben,
jeden Tag neu.

Es lebe das Leben,
ich nichts bereu.

Es lebe das Leben,
auch, wenn es mal schlecht.

Es lebe das Leben,
nicht immer gerecht.

Es lebe das Leben,
es ist kunterbunt.

Es lebe das Leben,
drum leb ich gesund.

Es lebe das Leben,
auch, wenn es mal schwer.

Es lebe das Leben,
ich lieb es so sehr.

Was pflück ich heut an diesem Tag,
den ich so gar nicht leiden mag?

Den Sonnenstrahl, den pflücke ich,
der gerad erwärmt mich innerlich.

Die Tasse Kaffee pflück ich auch,
die jetzt erwärmt mir meinen Bauch.

Ich pflück das Lachen, das mich beschwingt,
und diesen Menschen, der mir winkt.

Ich pflück das Grün an diesen Bäumen,
sie lassen mich so schön doch träumen.

Ich pflück die Blume, die dort blüht,
und diese Biene, die sich müht.

Ich pflück den Vogel, der dort singt,
und Freude in mein Leben bringt.

Gepflückt hab ich den ganzen Tag,
der erst so trist da vor mir lag.

Nen großen Strauß hab ich gepflückt,
und dieser Tag hat mich beglückt.

Der Lebensweg ist niemals gerade,
zumal er ist auch oft nicht fade.

Er geht mal rauf und wieder runter,
mal ist er schwarz, mal ist er bunter.

Das Glück trifft man am Wegesrand,
doch manches Mal wird's nicht erkannt.

Mitunter läuft im Kreis herum,
und fühlt sich dabei ganz schön dumm.

In falsche Richtung auch man geht,
und dann vor einer Mauer steht.

Der Lebensweg ist niemals gerade,
zumal er ist auch oft nicht fade.

Zurück schaut man am Ende dann,
und darauf oft auch stolz sein kann.

Geglückt dabei nicht alles ist,
doch schlechtes man ganz schnell vergisst.

Denn Freude hat er oft bereitet,
von guten Freunden wurd begleitet.

Manches Mal im Leben denkt,
mir wird aber nichts geschenkt.

Manches Mal im Leben meint,
jeder ist für mich ein Feind.

Manches Mal im Leben spürt,
sinnlos Diskussion man führt.

Manches Mal im Leben weint,
weil so elend alles scheint.

Manches Mal im Leben lacht,
weil das Leben Freude macht.

Manches Mal das Leben schätzt,
denn Geschenk ist's Heut und jetzt.

Vor der Kreuzung steh und warte,
schau verzweifelt auf die Karte.

Wohin nur soll ich mich wenden?
Kann mir jemand Hilfe senden?

Dort nach links, da scheint es heller,
doch nach rechts, da geht es schneller.

Steiler Weg führt geradeaus,
linker Hand geht's weit hinaus.

Rechts ich manches Schlagloch sehe,
vor der Kreuzung ich noch stehe.

Welchen Weg wähl ich jetzt aus?
Komm nicht aus dem Grübeln raus.

Doch, wenn ich mich nicht entscheide,
Lebenswege ich dann meide.

Drum wähle aus und fasse Mut,
jeder Lebensweg ist gut.

Auf der Überholspur leben,
alles geben.

Mächtig auf die Pauke hauen,
Großes bauen.

Auf der Leiter hoch hinauf,
schneller Lauf.

Oben spielen mit den Großen,
Ellenbogen stoßen.

Gepflastert mit manch Lebenszeit,
stets bereit.

Am End erschöpft und ausgelaugt,
Leben einfach weggesaugt.

Das Leben ist kein Ponyhof,
ein Spruch, der ist bekanntlich doof.

Denn manchmal kommt man aus der Spur,
da hilft dann auch nicht eine Kur.

Die Arbeit weg, die Frau dann auch,
man landet heftig auf dem Bauch.

Das Geld ist knapp, man fühlt sich schlapp,
die Lebenstreppe geht bergab.

Die Freunde, die nah bei dir standen,
die sehen dich am Boden landen.

Sie drehen ab, du bist allein,
du kannst dir selber nicht verzeihn.

Vom Wege bist du abgekommen,
den du jetzt siehst nur noch verschwommen.

Doch hilft es nicht, wenn liegen bleibst,
und nur noch bittre Wort schreist.

Steh auf und wende dich zum Licht,
dann ist die Hoffnung bald in Sicht!

Lass nicht zu, was niederdrückt,
dann Lebensweg dir wieder glückt.

Ein weiter Weg, das ist das Leben,
das einem irgendwann gegeben.

Von klein auf will man immer mehr,
Verzicht, der fällt ja äußerst schwer.

Manch Hürde muss man überwinden,
und sich für den Erfolg auch schinden.

Im Alter fragt man sich warum,
und dreht sich dabei um.

Was hat man denn geschafft im Leben?
Wozu geführt hat dieses Streben?

Man denkt: "Das war's jetzt wirklich schon?
Ist das jetzt schon der ganze Lohn?"

Drum nutz die Zeit, die dir gegeben,
und freu dich an dem schönen Leben.

Die Freud am Leben hält uns fit,
sie ist dafür der beste Kit.

Sie hält uns jung, belebt uns neu,
so das dem Leben wir sind treu.

Sie wischt die Sorge von der Seele,
damit sie unser Herz nicht quäle.

Für Neues gibt sie Kraft und Mut,
dass wir das Leben finden gut.

Sie hält uns fest, wenn wir verzagen,
und nach dem Sinn des Lebens fragen.

So freu dich, dass du lebst und lachst,
die Freude über dich dann wacht.

Gefühle sind des Lebens Macht,
denn ohne sie, da ist es Nacht.

Das Leben ohne sie wär leer,
und mancher Tag, wär uns so schwer.

Gefühle zeigen, dass wir leben,
und manchmal auf ner Wolke schweben.

Gefühle, die man andern schenkt,
zeigt ihnen, dass man an sie denkt.

Drum zeig Gefühl so lang zu lebst,
nach Lebensfreude du dann strebst.

Ein Lebenskünstler ist ein Mann,
der Lust auf Leben machen kann.

Er macht im Leben sich's bequem,
und wühlt nicht ständig hier im Lehm.

Er macht aus Mist sogar noch Gold,
das Leben ist ihm immer hold.

Er lässt oft bunte Drachen steigen,
die tanzen dann gar lustge Reigen.

Er schlendert fröhlich so durchs Leben,
man sieht in öfters einen heben.

Ein Lebenskünstler ist ein Mann,
der Lust auf Leben machen kann.

Mut zum Leben ist nicht leicht,
gerade, wenn es dir mal reicht.

Mut zum Leben ist oft schwer,
gerade, wenn du traurig bist so sehr.

Mut im Leben fehlt uns oft,
gerade, wenn man ihn erhofft.

Mut zum Leben hilft uns dann,
gerade, wenn man nicht mehr kann.

Streck die Hände ihm entgegen,
begleitet dich auf allen Wegen.

Spendet Kraft, wie nie gekannt,
wenn du nimmst ihn an die Hand.

Die Sehnsucht nach Geborgenheit.
Die Sehnsucht nach mehr Lebenszeit.
Sie treibt den Menschen oft so um,
dafür er schafft sich oft auch krumm.

Die Sehnsucht nach Zufriedenheit.
Die Sehnsucht nach Gemeinsamkeit.
Der Mensch wünscht sie sich für sein Leben,
doch oft er will nichts dafür geben.

Die Sehnsucht nach dem großen Geld.
Die Sehnsucht nach dem großen Held.
Der Mensch meint, er kann alles schaffen,
und macht sich dann auch mal zum Affen.

Das ist fürs Leben doch zu viel,
wenn Sehnsucht ist das einzge Ziel.

Drum fange einfach an zu Leben,
und nicht der Sehnsucht nachzuschweben.

Der Wert des Lebens ist nicht Geld,
das oftmals dir den Blick verstellt.

Des Lebens Wert kann nicht bezahlen,
denn einzigartig ist er doch.

Er wiegt weit mehr noch als manch Zahlen,
die sauber auf Papier wir malen.

Des Lebens Wert ist ein Geschenk,
drum das beim Leben stets bedenk.

Wo find ich meinen Quell fürs Leben?
Wo find ich frisches Wasser hier?

Welche Quelle soll ich mir da suchen?
Wo kann ich diese Quelle buchen?

Das fragt, wer Lebensquelle bräucht,
wenn er am Boden nur noch kreucht.

Bei Gott kannst suchen diese Kraft,
die Freude dir dann wieder schafft.

Bei schwerer Not sie Kühle bringt,
wenn mit Verzweiflung man gar ringt.

Die Leben spendet dir in Not,
und rettet dich gar vor dem Tod.

Den Quell des Lebens findest dort,
wo Hass und Neid nicht an dem Ort.

Wo Liebe, Güte, Freude leben,
die Kraft zum Leben dir dann geben.

Die Zeit, die du verloren hast,
als du den andren hast gehasst.

Die Zeit, die du verloren hast,
als dir das Leben nur noch Last.

Verloren hast die Zeit auch dann,
als Geld zog dich in seinen Bann.

Verloren war auch diese Zeit,
als du nicht sahst des andren Leid.

Drum nutz die Zeit, die dir gegeben,
nicht nur für Ehrgeiz und Wohlleben.

Gib deine Zeit für gute Dinge,
damit das Leben dir gelinge.

Im Kreise saust es auf und nieder,
es tönen dabei lustge Lieder.

Ganz trimmelig wird es einem bald,
das Karussell, es macht nicht Halt.

Immer höher fliegt der Wagen,
Beine in den Himmel ragen.

Haare fliegen in der Luft,
Zuckerwatten Duft.

Das Lebenskarussell fliegt weiter,
und macht das Leben damit heiter.

Auf meinem Lebensweg ich sehe,
dass ich mir im Wege stehe.

Ich mach's mir manchmal unnütz schwer,
und bin zu mir so gar nicht fair.

Ich zweifle daran, wer ich bin,
und such verzweifelt nach dem Sinn.

Ich glaube plötzlich nicht an mich,
mein Mut, der lässt mich dann im Stich.

Ich find nichts Gutes mehr an mir,
und fühl mich, wie gefangnes Tier.

Wenn das der Fall, beweg dich fort,
an einen für dich bessern Ort.

Denn, wenn man sich im Wege steht,
das Leben schnell vorübergeht.

.

## Holzweg

Am Lebensweg, da stehen Bäume,
die ich dann aus dem Wege räume.

Doch manchmal sind sie mächtig groß,
auf die ich da mitunter stoß.

Dann ist's ein Holzweg, stell ich fest,
von dem man schnell die Finger lässt.

Der Weg führt einfach in den Wald,
in dem es dunkel ist und kalt.

Das Leben ist dafür zu schade,
dass Holz mir auf den Rücken lade.

Mal Autobahn, mal nur ein Weg,
auf dem ich mich dahin beweg.

Mal aus Asphalt und auch aus Sand,
und trotzdem meinen Weg ich fand.

Mal Schlagloch, doch auch repariert,
und manchmal hab ich mich verirrt.

Mal schlug der Regen an das Glas,
und ich konnt geben dann nicht Gas.

Mal brannte Sonne auf mich nieder,
und müde wurden meine Lider.

Mal ging's bergab und dann bergauf,
die Lebensbahn nahm ihren Lauf.

Am Ende schau ich gern zurück,
begleitet hat sie mich ein Stück.

Es war oft schön am Wegesrand,
besonders als ich jemand fand.

Gemeinsam sind wir dann ein Stück,
das war für mich das höchste Glück.

Doch irgendwann, da komm ich an,
an diesem Tag ich ausruhn kann.

Ich sing ein Lied jetzt auf das Leben,
das mir bisher so viel gegeben.

Ich bin gesund, hab keine Sorgen,
muss mir auch nichts bei andren borgen.

Ich kann viel reisen in die Welt,
kein Querkopf mir den Weg verstellt.

Hab alles, was der Mensch so liebt,
was mir die Freud am Leben gibt.

Familie, Freunde, Arbeit satt,
und Freizeit, die der Mensch gern hat.

Ich sing ein Lied jetzt auf das Leben,
das mir bisher so viel gegeben.

Die Fantasie ist wie ein Zelt,
entführt uns in die andre Welt.

Sie lässt und träumen und auch lachen,
und unser Leben fröhlich machen.

Sie führt heraus uns aus Tristesse,
und kann verhindern sogar Stress.

Drum zu Besuch lad sie dir ein,
fröhlich wirst du dann bald sein.


## Die Liebe

Die Liebe  ist ein starkes Band,
die dich nimmt an ihre Hand.

Unverbrüchlich und so treu,
an der Liebe dich erfreu.

Sie vergibt, wenn du gefehlt,
niemals sie nen andren wählt.

Sie wärt ewiglich, ist wahr,
ohne Liebe bist ein Narr.

Ständig unterwegs im Leben,
immer nach dem Höchsten streben.

Immer suchen nach Gewinn,
niemals suchen nach dem Sinn.

Immer finden neue Ziele,
oft sind es meist viel zu viele.

Immer mehr und immer schneller,
das Gewissen bleibt im Keller.

Immer kämpfen um den Sieg,
wie, als ob man nur im Krieg.

Leben dabei oft vergisst,
das am Ende wird vermisst.

Am Wegesrand trifft man oft Viele,
die haben dann ganz andre Ziele.

Den einen findet man nicht leicht,
mit dem man gern das Ziel erreicht.

Er soll Gefährte sein fürs Leben,
mit ihm man möchte vorwärtsstreben.

Mit ihm man möchte Liebe leben,
sein Herz man möchte ihm nur geben.

Allein zu gehen ist so fad,
drum freu mich, wenn Gefährte naht.

Am End des Lebens schaut zurück,
gelebt hat man ein großes Stück.

Viel Leben ist da schon verbraucht,
viel Kraft dabei ist schon verraucht.

Doch ist man stolz auf das, was war,
und stolz auch auf sein graues Haar.

Denn Leben, das ist nichts für Feige,
gerad, wenn es geht jetzt bald zur Neige.

Doch missen möchte man es nicht,
denn Leben war nicht nur Verzicht.

Erlebt hat man gar viele Stunden,
in denen Glück man hat gefunden.

In denen man geliebt, gefreut,
und heute davon nichts bereut.

Drum blick zurück und stelle fest,
gelebt wird bis zum letzten Rest.

Ich halt dich in den Armen fest,
damit so schnell mich nicht verlässt.

Selbst, wenn enttäuschst mich irgendwann,
ich hassen dich dafür nicht kann.

Auch, wenn ich manchmal nicht versteh,
und keinen Sinn mehr darin seh.

Ich halt dich in den Armen fest,
damit so schnell mich nicht verlässt.

Denn Freude hast du mir bereitet,
mich sicher an der Hand geleitet.

Geliebt hab ich dich lange Zeit,
mit dir war mir kein Weg zu weit.

Die Kraft, die du mir hast gegeben,
drum will ich weiter mit dir leben.

Leichtigkeit durch Lüfte fliegt,
Leben in den Armen liegt.

Musik macht unser Leben reich,
und unsre Körper werden weich.

Musik gibt Kraft, wenn man am Ende,
und Leben reicht dir dann die Hände.

Musik macht glücklich und macht froh,
wenn Leben brennt mal lichterloh.

Musik begleitet dich durchs Leben,
in fremde Welten kannst entschweben.

Es gibt so manche Menschen hier,
die fressen Lebenszeit von mir.

Die maulen ständig vor sich hin,
Gespräch mit ihnen kein Gewinn.

Die zetern, jammern, debattieren,
und gehen mir bald auf die Nieren.

Sie hecheln über andre Leute,
die wieder mal sind ihre Beute.

Die kennen keine guten Witze,
und sehen Staub in jeder Ritze.

Solch Lebensfresser möcht ich meiden,
denn eigentlich könn sich nicht leiden.

Lache, wenn du traurig bist.
Lache, wenn du bist allein.

Lache, wenn du was vergisst.
Lache, wenn du kannst verzeihn.

Lache alle Sorgen weg,
denn zu weinen hat kein Zweck.

Lachen hilft, wenn's Leben schwer,
wenn die Last drückt allzu sehr.

Wenn du lachst, begrüßt das Leben,
Sorgen dann von dannen schweben.

Darum lach, so oft du kannst.
Lachen nimmt dir dann die Angst.

Grenzenlos gelebt ich habe,
Leben war für mich ne Gabe.

Tank war immer voller Saft,
und gestrotzt hab ich voll Kraft.

Überholspur nur benutzt,
niemals mich zurechtgestutzt.

Jeden Spaß auch mitgenommen,
stets das Beste nur bekommen.

So gelebt ich hab nur kurz,
denn dann kam der große Sturz.

Lag am Boden, war dahin,
bis ich merkte, was ich bin.

Egoistisch, selbstverliebt,
niemand, der auch etwas gibt.

Drum lebe so, dass du am Ende,
kannst geben auch dir selbst die Hände.

Kannst schauen dir in dein Gesicht,
denn sonst bis du ein armer Wicht.

Der Lebensstrom wälzt sich dahin,
manch Welle ich geritten bin.

Er schießt durch enge Schluchten,
hetzt durch manche Buchten.

Über große Steine stolpert er,
bis er gelangt ins große Meer.

Dort, wo so viele Leben enden,
und Lebensstrom kann nicht mehr wenden.

Drum, wenn der Strom gerad dümpelt hin,
dann hat das Innehalten Sinn.

Das Leben kannst du dann begießen,
bevor er wieder wilder wird.

Auch kannst du es genießen,
bevor der Strom die nächste Welle ziert.

Was Neues wagen,
Abschied sagen.

Von alten Wegen abzubiegen,
nicht auf der Wohlstandsmatte liegen.

In Sicherheit sich nicht zu wiegen,
die Kurve jetzt und heut zu kriegen.

Verwegen sein und mutig frech,
mit Gewohnheiten nun brech.

Zu leben spannende Momente,
bevor ich geh dann in die Rente.

Verwegen sein tagaus, tagein,
dann passt ganz viel ins Leben rein.

Des Lebens Lohn bekommst nur schwer,
wenn du nur willst noch immer mehr.

Wenn du nur nimmst und niemals gibst,
und außer dir doch niemand liebst.

Wenn du gefangen in der Gier,
benimmst dich wie ein wildes Tier.

Wenn dich der Neid treibt nur voran,
der Lebenslohn nicht kommen kann.

Der Lohn des Lebens ist weit mehr,
ihn zu verdienen, das ist schwer.

Ein Ausweg suchen und auch finden,
sich nicht um die Entscheidung winden.

Ein Ausweg aus der miesen Lage,
aus der ich mich heraus nun wage.

Ein Ausweg, der mich kostet Kraft,
und mir dann Freiheit wieder schafft.

Ein Ausweg lässt mich wieder leben,
und neue Lebensmuster weben.

Federleicht und wolkengleich,
Leichtigkeit macht Leben reich.

Sorgenlast wird dann ganz leicht,
Schwere von den Gliedern weicht.

Kopf wird frei, Gedanken schweben,
plötzlich willst du wieder leben.

Leichtigkeit verdrängt den Schmerz,
Fröhlichkeit steigt himmelwärts.

Leben ist auch manchmal schwer,
Lebenslast wird immer mehr.

Doch die Last kann werden leicht,
wenn Freund dir seine Hände reicht.

Drum find die Leichtigkeit im Leben,
sie kann so vieles dir dann geben.

Als Rinnsal fängt er an zu fließen,
bevor er anfängt schnell zu schießen.

Zunächst nur plätschert er durchs Land,
durchzieht das Land, wie blaues Band.

Dann wird er ungebändigt wild,
nichts auf dem Weg sein Mütchen stillt.

Dann später wird er breit und träge,
als ob er in der Sonne läge.

Zum Schluss versickert er im Meer,
ihn dann zu finden ist sehr schwer.

Der Lebensfluss ist voller Kraft,
mit dem er sich den Weg frei schafft.

Die Vielfalt macht das Leben bunt,
bereitet uns manch fröhlich Stund.

Bereichert unser Leben neu,
auf das der Mensch sich daran freu.

Macht uns offen für Gedanken,
öffnet uns so manche Schranken.

Macht uns frei von Vorurteilen,
schützt uns vor so manchen Pfeilen.

Für das Fremde sei drum offen,
dann kannst du auf Freunde hoffen.

Ein Jeder einen Leuchtturm hat,
der sicher ihn durchs Leben bringt.

Denn, wenn das Meer nicht spiegelglatt,
manch Lebensschiff an Klippe sinkt.

Doch führt der Leuchtturm dich zum Ziel,
wenn du verlangst von ihm zu viel?

Ist hell genug und leuchtet weit,
und brennt er auch die ganze Zeit?

Ist hoch genug, dass ihn kannst sehen,
auch, wenn ganz starke Winde wehen?

Gibt er nen Ton, wenn falsch du bist,
und deine Richtung schnell vergisst?

Drum wähl den richtgen Leuchtturm aus,
bevor du stichst zur See hinaus.

Das Leben manchen Irrweg nimmt,
und manches davon ist bestimmt.

Auch, wenn man vieles nicht gewollt,
und das, was glänzt, ist doch nicht Gold.

Wenn man den Falschen hat gewählt,
und plötzlich etwas andres zählt.

Wenn man wird alt und kann nicht mehr,
und dann das Leben oftmals schwer.

Doch irren, das kann jeder sich,
drum Leben auch mal Irrweg glich.

Man träumt im Leben von nem Pfad,
auf dem das Leben ist nicht fad.

Man träumt im Leben von viel Geld,
doch oft man sich die Sicht verstellt.

Von Liebe träumt man auch im Leben,
und hofft, sie könnte alles geben.

Von Reisen in die weite Welt,
am Ende reicht's nur für ein Zelt.

Vom Haus, das groß ist, wie ein Schloss,
in dem man ist der große Boss.

Doch Träume sind wie Schäume oft,
in denen man sich viel erhofft.

Bleib drum, so sag ich, Realist,
damit du's Leben nicht vergisst.

Man schaut sich um und fragt sodann,
welch Sinn im Leben findet man?

Soll ich ein Haus baun, Kinder kriegen,
im Urlaub in der Sonne liegen?

Soll Geld ich häufen wie verrückt?
Was ist es, was mich denn beglückt?

Macht mich die Arbeit wirklich froh?
Wo find ich denn den Sinn, nur wo?

Bei Gott such ich ihn, find ihn nicht,
es geht mir einfach auf kein Licht.

In der Natur find ich zwar Ruh,
doch ist es richtig, was ich tu?

Der Sinn ist es das Gute tun,
und nicht auf seinem Diwan ruhn.

Und kämpfen nicht für sich allein,
für andre auch mal da zu sein.

Zu kämpfen für Gerechtigkeit,
um zu verhindern, manches Leid

Der Sinn des Lebens ist ein Ort,
wo Menschen stehn zu ihrem Wort.

Wo fühlt man mit dem andren mit,
das wäre dann der erste Schritt.

Ich lauf im Kreis und find ihn nicht,
ein Ausweg ist oft nicht in Sicht.

Ermüdend ist die täglich Last,
ich finde einfach keine Rast.

Komm nicht voran,
tret auf der Stelle.
Von vorne fang ich wieder an,
verzweifelt such ich sie, die Helle.

So müh ich mich so Tag für Tag.
Wann endlich mich heraus ich wag!

Die Zukunft, düster sieht sie aus,
man traut sich bald nicht mehr vors Haus.

Natur zerstört, die Luft ist grau,
egal in welches Eck ich schau.

Der Mensch, er will sich ändern nicht,
und Besserung ist nicht in Sicht.

Wo soll ich leben hier auf Erden,
was soll aus meinen Kindern werden?

Welch Kreatur der Mensch doch ist!

Die Zukunft düster sieht sie aus,
ich schau voll Graus zum Fenster raus.

Das Leben wird nicht schön mehr sein,
und für uns alle eine Pein.

Am Ende war der Mensch nur Gast,
und für die Erde er nur Last.

Schauen Sie einmal auf meiner Website vorbei. Hier finden Sie weitere schöne Gedichtbände mit Gedichten zum Lachen und Nachdenken und weitere Veröffentlichungen von mir.

## www.heike-boeke.de

Gedichte Mensch

ISBN: 978-3-7460-3383-9

Gedichte zum Schmunzeln

*ISBN: 978-3-7460-3090-**6***

Gedichte Natur

*ISBN:* 978-3-7460-1687-**0**

Gedichte Brücken und Wasserspiele

*ISBN:* 9783752811094

Gedichte Gesundheit

*ISBN: 9-783752 849769*

Gedichte Licht und Schatten

*ISBN:* 9783748175155